重庆市地方标准

城市道路指路标志系统信息设计导则

DB 50/T 897—2018

人民交通出版社股份有限公司

北京

图书在版编目(CIP)数据

城市道路指路标志系统信息设计导则：DB 50/T 897—2018／重庆市公安局交通管理局，重庆交通大学主编．— 北京：人民交通出版社股份有限公司，2019.10
ISBN 978-7-114-16025-7

Ⅰ．①城… Ⅱ．①重… ②重… Ⅲ．①城市道路—交通标志—地方标准—重庆 Ⅳ．①U491.5-65

中国版本图书馆 CIP 数据核字(2019)第 259477 号

Chengshi Daolu Zhilu Biaozhi Xitong Xinxi Sheji Daoze

书　　名	城市道路指路标志系统信息设计导则
著 作 者	重庆市公安局交通管理局 重庆交通大学
责任编辑	闫吉维　卢　珊
责任校对	张　贺　宋佳时
责任印制	张　凯
出版发行	人民交通出版社股份有限公司
地　　址	(100011)北京市朝阳区安定门外外馆斜街 3 号
网　　址	http://www.ccpress.com.cn
销售电话	(010)59757973
总 经 销	人民交通出版社股份有限公司发行部
经　　销	各地新华书店
印　　刷	北京市密东印刷有限公司
开　　本	880×1230　1/16
印　　张	3.75
字　　数	115 千
版　　次	2019 年 10 月　第 1 版
印　　次	2019 年 10 月　第 1 次印刷
书　　号	ISBN 978-7-114-16025-7
定　　价	60.00 元

(有印刷、装订质量问题的图书由本公司负责调换)

DB 50/T 897—2018

目　次

前言 …… Ⅲ
1 范围 ……………………………………………………………………………………………………… 1
2 规范性引用文件 ………………………………………………………………………………………… 1
3 术语及定义 ……………………………………………………………………………………………… 1
4 指路标志系统构成 ……………………………………………………………………………………… 2
5 基本规定 ………………………………………………………………………………………………… 3
　5.1 功能 ………………………………………………………………………………………………… 3
　5.2 基本原则 …………………………………………………………………………………………… 3
　5.3 信息 ………………………………………………………………………………………………… 3
　5.4 版面设计 …………………………………………………………………………………………… 5
　5.5 支撑方式 …………………………………………………………………………………………… 8
　5.6 反光膜与材料 ……………………………………………………………………………………… 9
　5.7 设置 ………………………………………………………………………………………………… 10
　5.8 指路信息功能性维护 ……………………………………………………………………………… 10
　5.9 管理标签 …………………………………………………………………………………………… 11
　5.10 方向标 …………………………………………………………………………………………… 11
6 一般城市道路指路标志的设置 ………………………………………………………………………… 11
　6.1 系统的构成 ………………………………………………………………………………………… 11
　6.2 一般规定 …………………………………………………………………………………………… 12
　6.3 重要地点距离预告标志 …………………………………………………………………………… 12
　6.4 交叉口预告、告知标志 …………………………………………………………………………… 13
　6.5 确认标志 …………………………………………………………………………………………… 26
　6.6 一般城市道路指路标志信息连续性 ……………………………………………………………… 28
7 城市快速路指路标志的设置 …………………………………………………………………………… 32
　7.1 系统构成 …………………………………………………………………………………………… 32
　7.2 一般规定 …………………………………………………………………………………………… 32
　7.3 入口指引系列标志 ………………………………………………………………………………… 33
　7.4 出口指引系列标志 ………………………………………………………………………………… 35
　7.5 节点距离预告标志 ………………………………………………………………………………… 41
　7.6 重要地点确认标志 ………………………………………………………………………………… 42
　7.7 快速路指路标志信息连续性要求 ………………………………………………………………… 42
附录 A（资料性附录） 部分标志版面布置图 …………………………………………………………… 46
附录 B（规范性附录） 常见交叉口平交形式示意图 …………………………………………………… 52
附录 C（规范性附录） 常见立交形式示意图 …………………………………………………………… 53
附录 D（资料性附录） 指路信息汉语拼音和常用专有名词示例 ……………………………………… 54

Ⅰ

前言

本标准按 GB/T 1.1—2009 要求进行编写。

本标准由重庆市公安局提出和归口。

本标准起草单位：重庆市公安局交通管理局、重庆交通大学

主要起草人：陈军、封胜、徐佳、肖蕾、周隽、冯渝、周雨果、杨益、夏犇、钟继科、孙翔、马靖、陈双、张陵波、黄程远、曾韵如、张艺尼、张建旭、刘伟、张晓丹、陈碧英、蔺庆海、郑桂桐

DB 50/T 897—2018

城市道路指路标志系统信息设计导则

1 范围

本标准规定了重庆市城市道路指路标志系统的术语与定义、系统的构成、版面类型、空间定位规则和信息设计原则,以及信息设计的连续性设置要求。

本标准适用于重庆市城市道路指路标志系统。市域内公路指路标志信息设计宜参照执行。

2 规范性引用文件

下列文件对于本文件的应用是必不可少的。凡是注日期的引用文件,仅注日期的版本适用于本文件。凡是不注日期的引用文件,其最新版本(包括所有的修改单)适用于本文件。

GB/T 917	公路路线标识规则和国道编号
GB 5768	道路交通标志和标线
GB 17733	地名 标志
GB/T 18833	道路交通反光膜
GB/T 23827	道路交通标志板及支撑件
GB/T 30240.2	公共服务领域英文译写规范 第2部分:交通
GB 51038	城市道路交通标志和标线设置规范
CJJ 37	城市道路工程设计规范
CJJ 152	城市道路交叉口设计规程
DB 50/T 537	重庆市旅游交通标志设置规范
DB 50/T 548.1	重庆市城市道路交通管理设施设置规范 第1部分:道路交通标志

3 术语及定义

下列术语及定义适用于本标准。

3.1
城市道路

在城市范围内,供车辆和行人通行,具备一定技术条件和设施的道路。按照道路在网络中的地位和交通功能,以及对沿线建筑物和居民的服务功能等,将城市道路划分为城市快速路、主干路、次干路和支路。

3.2
一般城市道路

除快速路以外的城市道路的统称,包括主干路、次干路及支路。

3.3
城市快速路

道路全线有中央分隔、全部控制出入,控制道路出入口设置的间距及型式,配置有满足交通流连续运行的交通安全与管理设施的道路。

本标准特指在道路交通管理中按照城市道路工程设计规程的快速路标准进行建设和运行管理的

道路。

3.4
主干路

连接城市各主要分区,承担城市内部交通功能,按照城市干道标准建设的道路。

本标准特指在道路交通管理中纳入主干路管理的道路,包括按城市快速路标准进行建设,但实际作为主干路使用和运行管理的道路。

3.5
次干路

与主干路结合组成干路网,以集散交通的功能为主,兼有服务功能的道路。

3.6
支路

与次干路和居住区、工业区、交通设施等内部道路相连接,以解决局部地区交通和服务功能为主的道路。

3.7
交叉口类型

为了使主干路、次干路、支路中同等级道路指路标志的版面类型一致,以及指路信息选择点位相对统一,根据相交道路等级将一般城市道路上的交叉口分为以下四类节点。

3.7.1
Ⅰ类节点

快速路与主干路、主干路与主干路相交形成的交叉节点。

3.7.2
Ⅱ类节点

主干路与次干路、次干路与次干路相交形成的交叉节点。

3.7.3
Ⅲ类节点

次干路与支路、支路与支路相交形成的交叉节点。

3.7.4
Ⅳ类节点

主干路与支路相交形成的右进右出的交叉节点。

4 指路标志系统构成

重庆市指路标志系统包括一般城市道路的指路标志系统、城市快速路指路标志系统、高速公路指路标志系统、一般公路指路标志系统等(图1)。本标准主要用于一般城市道路指路标志和城市快速路指路标志的指路信息设计和版面布置工作。公路指路标志的信息设置和版面布置宜参考本导则。

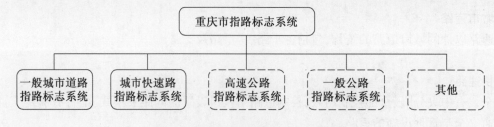

图1 重庆市指路标志系统构成图

5 基本规定

5.1 功能

5.1.1 指路标志是以颜色、形状、字符、图形等向道路使用者传递道路方向、地点、距离信息的标志。

5.1.2 指路标志应结合道路及交通情况设置。指路标志应提供准确及时的信息和引导，道路使用者可顺利、快捷地抵达目的地。

5.2 基本原则

5.2.1 规范性

除本标准特别说明外，指路标志的信息设计、设置、维护、使用等内容应符合《道路交通标志和标线》（GB 5768）和《城市道路交通标志和标线设置规范》（GB 51038）的规定。

5.2.2 连续性

应保证指路标志系统前后相关指路信息的连续性、标志位置的规律性。在同一系统内各标志之间、各子系统之间、与其他系统之间应能顺利衔接，传递的信息应能相互补充，切勿相互矛盾或信息突然中断。

5.2.3 醒目性

指路标志应设置在醒目的位置，且禁止与交通管理无关的信息混设，同时避免被其他物体遮挡。标志板面的规格、字符、信息量的设计应参照设计速度并根据道路运行速度选择。

5.2.4 清晰性

指路标志中的符号、文字与其背景应有足够的对比度，保证符号和文字等细节之间容易区分。图形符号与文字之间、标志与标志之间相互关系应清晰。

5.2.5 协同性

在整个指路标志系统中，应综合考虑道路、交通等因素，制定不同节点类型统一规格的指路标志样式。相同含义的图形符号或文字应统一。同一道路上，同类标志的设计风格、板面尺寸、颜色、设置方式和设置高度应相同。

5.2.6 协调性

指路标志的各要素设计、安装位置及安装方式宜与周围环境以及路侧其他市政设施相协调。

5.2.7 实时性

指路标志应按照道路实际情况的变化及时调整。新建或改建道路工程的指路标志系统应与道路主体工程同步设计、同步实施；已建道路的指路标志系统应随道路本身及周边交通条件或交通管理措施的改变而及时更新。

5.3 信息

5.3.1 信息的分类

5.3.1.1 指路标志信息按照内容可以分为以下七类：道路名称信息、交通节点信息、地区名称信息（含著名地点)、交通类市政服务信息、大型商圈名称信息、标志性公用地物信息及旅游景区名称信息。

a) 道路名称信息:各类城市道路的名称和公路名称,包括重要通道类道路名称,如内环快速路、学府大道、渝鲁大道等承担大量跨行政区交通服务功能的道路以及城市对外联系的高速公路;也包括过江桥梁和重要穿山隧道名称,如黄花园大桥、慈母山隧道等。道路名称应由地名主管部门或专(行)业部门命名符合《重庆市地名管理条例》。

b) 交通节点信息:各种具有交通转换功能的立交名称信息,如人和立交、四公里立交等。

c) 地区名称信息(含著名地点):各行政区划名称,如江北区、渝北区等。著名地点有两类:第一类是各行政区的城市发展中心,如李家沱、鱼洞、江北城等;第二类是具有交通分流、转换功能的著名地点(老地名),如两路口、上清寺、较场口等。

d) 交通类市政服务信息:机场、火车站、主要客货运场站等重要场所,如江北机场、重庆北站、四公里交通换乘枢纽站等。

e) 大型商圈名称信息:大型商业中心,如解放碑商圈、杨家坪商圈、观音桥商圈等。

f) 标志性公用地物信息:各类具有地标性特征的公共建筑物或产业基地、开发区等,如奥体中心、国博中心等。

g) 旅游景区名称信息:由国家旅游景区质量等级评定委员会授权省级旅游局,依照《旅游区(点)质量等级的划分与评定》(GB/T 17775)进行评审,颁发"国家×××级旅游景区"标志牌的AAA级以上的旅游景区名称信息。

5.3.1.2 指路标志信息按照重要程度及所承担的作用可以分为以下两类:主要信息和辅助信息。其中主要信息又分为近信息和远信息两类。

a) 近信息:前进方向上可到达的第1个某类型节点的交通方位信息,主要为行进中的驾驶员提供邻近位置信息。其方位信息主要包括重要通道道路名称、重要节点名称、具有交通分流和转换功能的著名地点(老地名)、交通类市政设施名称、大型商圈名称、标志性公用地物、旅游景区名称。

b) 远信息:指示方向上可到达的第2个某类型节点的重要方位信息,主要为行进中的驾驶员提供方向性指引。其方位信息主要包括重要通道及重要节点名称、地区名称信息(含著名地点)、交通类市政设施名称、标志性公用地物、旅游景区名称等。

c) 辅助信息:为实现指路标志信息指引的连续性以及消除道路或地点名称在识别时可能产生的歧义,在指路标志版面空间受限的情况下可选择设置辅助信息。辅助信息主要包括重要通道及重要节点信息、地区名称信息(含著名地点)、交通类市政设施、标志性公用地物,可与远信息协调使用。

5.3.2 信息的分级

指路标志信息按照重要程度、道路的服务对象和功能进行分级,见表1。

表1 指路标志信息分级

信息类别	A层信息	B层信息	C层信息
道路名称信息	国道、高速公路、快速路名称及编号,主要跨江桥梁、市级行政分区之间的主要通道和穿山隧道	行政区内的通道型道路,其他主干路、次干路	支路
交通节点信息	快速路上的枢纽立交、主干路上的Ⅰ类节点立交	其他立交	—
地区名称信息(含著名地点)	市级行政区名称	著名地点(老地名)	—

表1（续）

信息类别	A层信息	B层信息	C层信息
交通类市政服务信息	机场、特等或一等火车站	二等或三等火车站、长途汽车总站	大型停车场
大型商圈名称信息	—	大型商业中心	—
标志性公用地物信息	国家级产业基地、大型城市标志性建筑物	市级产业基地、市级文体中心、科技园	区级产业基地、区级文体中心
旅游景区名称信息	AAAAA级景区	AAAA级景区	AAA级景区
注：1. 旅游景区名称信息仅设置在即将到达景点的前一个Ⅱ类及Ⅱ类等级以上节点的预告、告知标志版面。 2. 旅游景区指路标志的设置以《重庆市旅游交通标志设置规范》（DB 50/T 537）为准。			

5.4 版面设计

5.4.1 基本要求

5.4.1.1 宜通过图案体现路口形状，选择的图形应简洁、清晰、明了。

5.4.1.2 同等级道路的指路标志版面设计应保持统一，同一位置并设的标志板面高度应保持一致。一般城市道路上各类交叉节点按照道路等级进行归类，分别选取相应的版面设计和信息选择要求，其交叉节点的分类情况见表2。

表2 一般城市道路交叉节点分类

主线道路 被交道路	道路			
	快速路	主干路	次干路	支路
快速路	—	Ⅰ	—	—
主干路	Ⅰ	Ⅰ	Ⅱ	Ⅳ
次干路	—	Ⅱ	Ⅱ	Ⅲ
支路	—	Ⅳ	Ⅲ	Ⅲ

5.4.1.3 指路标志同一方向选取两个信息时，按照信息由近及远的顺序，直行方向从左至右或从上至下排列，左右方向从上至下排列。同一版面的主信息数量不得超过6个。同一方向辅助信息数量最多为2个，整个版面辅助信息数量不得超过3个。

5.4.1.4 主干路上的标志版面主信息排列方式见图2。"信息7"为平面交叉节点中相交道路的名称，信息7不计入主信息和辅助信息的数量；当道路前方所需指示的信息中，单个信息汉字个数超过4个或需要增加辅助信息时，建议选择图2中的b)类版面。立交节点的交叉示意图案参照第6.4.7.2款。同一位置并设的版面高度应保持一致。

5.4.1.5 次干路上的标志版面主信息排列方式见图3。"信息4"为平面交叉节点中相交道路名称（不计入主信息和辅助信息的数量）。立交节点的交叉示意图案按6.4.7.2执行同一位置并设的标志版面高度应保持一致。

5.4.1.6 当前方相交道路左、右为不同的道路时，可将道路信息从左至右设置于指向图形框中，两路名之间空一个字宽（图4）。

5.4.1.7 在仅指引单一流向的Ⅳ类节点路口、立交匝道分流处及Ⅲ类节点路口指引信息可选用左转、右转或直行箭头指向的方式表示，示例见图5。

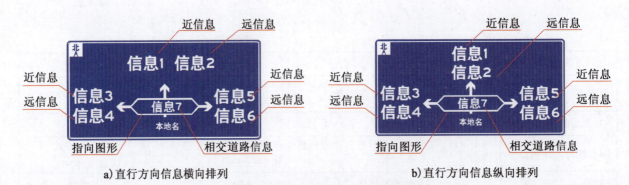

a) 直行方向信息横向排列   b) 直行方向信息纵向排列

图 2　Ⅰ类节点路口的指路标志版面布置示例

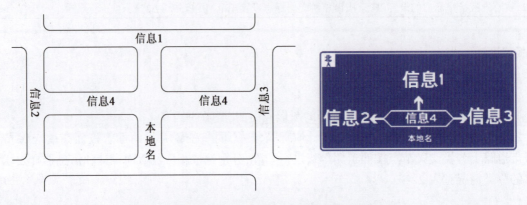

图 3　Ⅱ类节点路口的指路标志版面布置示例

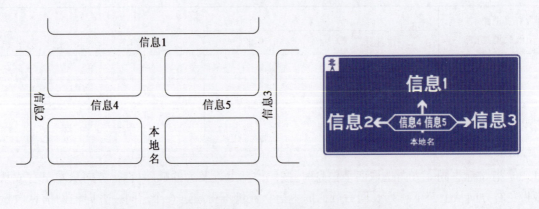

图 4　相交道路左右路名不同的Ⅱ类节点路口版面布置示例

图 5　单一指向或Ⅲ类节点指路标志版面布置示例

5.4.1.8　指路标志版面上的主信息包括用汉字表达的指路信息和对应的汉语拼音及专有名词的英文表达，英文字高选取相应汉字字高的 0.5 倍，辅助信息可以仅用汉字表示。常见专有名词的英文表达形式和汉语拼音示例见附录 D。

5.4.1.9 指路标志板面规格可按照表3进行选取。

表3 指路标志板面规格表(推荐值)

设置道路	板面规格(宽×高)(m×m)	支撑方式
快速路	5.0(可根据实际情况调节)×3.6	悬臂式 (门架式)
主干路	5.0×3.0	
	4.8×2.4	悬臂式
次干路	4.8×2.4	
	4.0×2.0	
支路	2.4×3.0(可根据实际情况调节)	双立柱
	1.5×2.5(可根据实际情况调节)	单立柱

注:1. 同一道路相同支撑方式的标志板面应保持一致,同一位置并设的板面高度应保持一致。
　　2. 本表所列标志板面规格(推荐值)为相应等级道路的常规尺寸,实际执行过程中,可根据需求对板面大小进行调整。

5.4.1.10 当单个指路信息汉字较多,版面受限时,可对指路信息汉字的宽度进行压缩,但最大压缩程度为0.7倍字高,同时汉字的高度保持不变,且同一版面指路信息压缩程度应保持一致。

5.4.1.11 以上没有特殊说明的情况,如板面规格、字体大小等,按照《道路交通标志和标线》(GB 5768)(所有部分)、《城市道路交通标志和标线设置规范》(GB 51038)以及《重庆市城市道路交通管理设施设置规范 第1部分:道路交通标志》(DB 50/T 548.1)的相关规定执行。

5.4.2 与其他标志的套用

5.4.2.1 禁令标志套用于指路标志上时,不得替代相应的禁令标志。

5.4.2.2 限高、限重禁令标志宜结合特殊的道路信息套用于路径指引标志中(图6)。

图6 指路标志与限高限重禁令标志套用

5.4.2.3 禁止某车种通行的禁令标志可套用于路径指引标志中,提示所通达道路的交通管理信息应套置于该道路名称旁(图7a);提示交叉口下游路段的交通管理信息,应置于箭头图形中(图7b)。

a) 结合道路信息套用　　　　b) 结合禁令方向套用

图7 指路标志与限车种禁令标志套用示例

5.4.2.4 禁止某方向通行的禁令标志图案可套用于路径指引标志中,应布置在竖向箭头杆的下端,表示断路的标志应使用断路标志(图8)。若当前交叉口与断头路终点之前存在可达的目的地,应采用当前道路作为该方向的指路信息,否则采用断路标志。

图 8　指路标志与限方向性禁令标志套用示例

5.4.2.5 当禁令标志需与时间等辅助标志配合使用时,禁止套用在路径指引标志中。

5.4.2.6 当路径指引标志与禁止转向标志组合使用时,若行进方向仅剩余一个转向,则原指路标志应更换为Ⅳ类节点的指路标志版面。

5.4.2.7 指路标志版面出现的旅游景点信息应采用棕色作为底色(图9)。

图 9　指路标志与旅游景点标志的套用

5.4.2.8 指路标志版面出现的地点识别类型信息,如机场、火车站等,需要与《道路交通标志和标线 第1部分:总则》(GB 5768.1)中规定的图形配合使用,且相应的图形进行反色表达(图10)。

图 10　指路标志与地点识别标志套用

5.5 支撑方式

5.5.1 支撑方式分类

指路标志的支撑方式包括柱式(单柱式、双柱式),悬臂式(单悬臂式和双悬臂式),门架式及附着式四大类(图11)。同一路段,同类标志支撑方式宜保持一致。

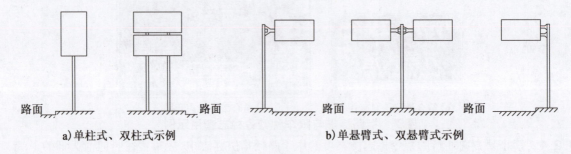

图 11

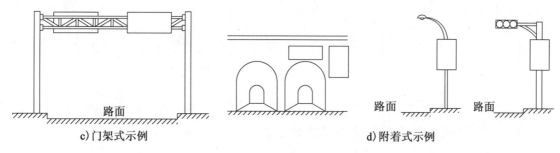

c) 门架式示例   d) 附着式示例

图 11 不同支撑方式示意图

5.5.2 支撑方式图例

不同支撑方式的图例符号按照表4的规定选用。

表4 图例符号和含义一览表

序 号	图例符号	含 义	序 号	图例符号	含 义
1	○▬	单柱式	4	▬○▬	双悬臂式
2	○○▬	双柱式	5	○━▬	门架式
3	▬○	单悬臂式	6	░░░	附着式

5.5.3 适用范围

5.5.3.1 柱式：当标志板面规格较小时，适合使用柱式支撑结构。单柱式宜用于Ⅲ类和Ⅳ类节点；双柱式宜用于设置条件较好的情况下，如快速路出口分岔处等。

5.5.3.2 悬臂式：在交通量较大、道路较宽、柱式已不能满足视距要求，且外侧车道大型车阻挡内侧车道小型车视线的情况下，应选择使用悬臂式支撑结构。

5.5.3.3 门架式：当道路交通量较大，车道数较多（单向三车道及三车道以上），同一平面分流次数比较多，需要指示车道去向信息；柱式和悬臂式不能满足视距要求，外侧车道大型车阻挡内侧车道小型车视线时，宜使用门架式支撑结构。

5.5.3.4 附着式：标志设置位置附近有跨线桥、人行天桥等构筑物，或标志板面规格小、内容简单时，宜使用附着式支撑结构。

5.6 反光膜与材料

5.6.1 标志板面应采用逆反射材料制作。除特殊要求外，标志的材料应符合《城市道路交通标志和标线设置规范》（GB 51038）中的规定。反光膜的逆反射性能应符合《道路交通反光膜》（GB/T 18833）的规定。

5.6.2 城市快速路及主干路应采用Ⅴ类反光膜制作，次干路及支路应采用Ⅳ类反光膜制作。

5.6.3 反光膜的选择宜充分考虑道路环境及驾驶员的视认需求。

a) 门架式标志宜采用比路侧标志高一个等级的反光材料。

b) 交通较为复杂、视距不良、观察角过大的交叉口或路段宜采用Ⅴ类大角度反光膜或主动发光标志。
c) 通行量以大型车为主的路段、车道数大于三条的路段宜采用Ⅴ类大角度反光膜。
d) 东西走向、事故多发及雨雾多发路段的交通标志宜采用荧光黄绿Ⅴ类反光膜做底膜来提高标志视认性，或采用主动发光标志。
e) 隧道洞内段的指路标志宜采用主动发光标志，快速路、主干路等有视认困难的地点，或需要增强安全性的路段，也宜采用主动发光指路标志。

5.7 设置

5.7.1 设置位置

5.7.1.1 指路标志一般需设置在道路行进方向右侧或车行道上方，也可根据具体情况设置在左侧或左右两侧同时设置。

5.7.1.2 指路标志的前置距离应确保驾驶员在动态条件下能有足够时间读完标志信息，包括读取信息时间、反应时间和采取行动时间。

5.7.1.3 未设置车道行驶方向标志的交叉口，指路标志设置距离（停止线至标志的距离）按照表5选取。快速路指路标志设置位置见本导则第7章。

表5 一般城市道路指路标志前置距离建议值

道路等级	支路	次干路	主干路
设计速度(km/h)	30~40	41~50	51~80
前置距离(m)	20~30	30~50	50~100

5.7.1.4 设置车道导向标志的交叉口，按照车辆行驶方向，标志安装顺序应为指路标志在前，车道导向标志在后。指路标志宜距车道导向标志50~100m。

5.7.2 设置角度

5.7.2.1 标志安装角度宜根据设置地点道路的平、竖曲线线形进行调整，应尽量减少标志面对驾驶员的眩光，路侧标志板面宜与道路中线垂直或成0°~10°。

5.7.2.2 指路标志采用悬臂式、门架或车行道上方附着式的支撑方式时，标志板面应垂直于道路来车方向，并且板面宜倾斜0°~15°。

5.7.3 设置限界

5.7.3.1 指路标志采用柱式或附着式时，标志板外边缘到路面侧石（路肩边缘）的水平距离应大于25cm；标志板下缘距路面的高度宜为200~250cm；设置在有行人、非机动车的路侧时，设置高度应大于250cm；标志板边缘禁止侵入道路建筑限界。

5.7.3.2 指路标志采用悬臂式、门架式时，标志板下缘距路面的高度应大于道路规定的最大净空高度，并预留50cm冗余。

5.7.3.3 道路两侧种植的树木或其他植物，设置的广告牌、管线等，应与交通设施保持必要的距离，禁止遮挡指路标志或妨碍安全视距。

5.8 指路信息功能性维护

5.8.1 一般规定

5.8.1.1 道路交通标志设置（调整）应在新（改、扩）建道路通车前完成，路网中与此新（改、扩）建道路相关的道路上有关的指路标志也应同步调整,完善设置。

5.8.1.2 当道路交通条件或管理条件发生变化时,应及时调整相关指路标志的设置。

5.8.2 板面维护

5.8.2.1 标志应经常清洁、维护,保持足够的逆反射性能,保证视认性;标志使用中还应避免其被树木遮挡、被路灯照明影响视认。

5.8.2.2 交通标志板面破损或使用年限超过10年应进行更换。

5.8.3 杆件维护

5.8.3.1 交通标志杆件应根据管理需要进行定期维护,防止过度锈蚀。

5.8.3.2 交通标志杆件锈蚀严重或使用年限超过10年应进行更换。

5.9 管理标签

5.9.1 建立指路标志管理数据库,每一个指路标志应设置其相应的专属标签,方便管理。

5.9.2 每一个指路标志专属标签都应包括标志具体地理位置、支撑结构形式、版面内容和形式、标志和杆件施工以及维护的日期和单位。

5.10 方向标

将东、南、西、北4个方向按照90°的夹角划分为4个方向指示区域,根据当前道路所处的方向指示区域选择相应的方向指示,其中指示方向的箭头可根据道路的实际走向在所指示方向区域的90°范围内进行旋转,但是表示方向的汉字不应转动(图12)。方向标应设置在指路标志的左上角。

图12 方向标

6 一般城市道路指路标志的设置

6.1 系统的构成

一般城市道路指路标志系统按照标志的功能分为重要地点距离预告标志,交叉口预告、告知标志,确认标志三类(图13)。

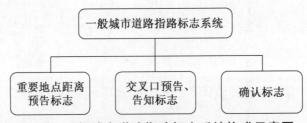

图13 一般城市道路指路标志系统构成示意图

6.2 一般规定

6.2.1 预告标志在满足设置条件的前提下应设置在告知标志前150~500m处,且禁止遮挡告知标志;交叉口告知标志应设置在距离交叉口停车线前30~100m的位置,若交叉口设置有车道导向标志,应满足5.7.1.4的规定;在交叉路口之后30~100m适当的地方设置确认标志(图14)。

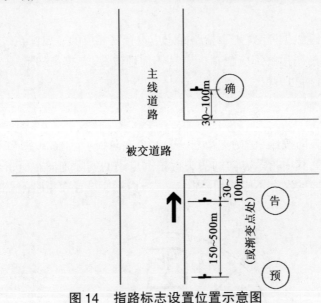

图14 指路标志设置位置示意图

6.2.2 不同等级道路相交节点的指路标志配置根据节点类型的不同存在一定的差别。

6.2.3 Ⅰ类平交、立交节点,其指路标志应配置告知标志和确认标志,预告标志可根据需要设置。

6.2.4 Ⅱ、Ⅲ、Ⅳ类平交节点或出现在次干路上的立交节点,其指路标志应配置告知标志和确认标志,不宜设置预告标志。

6.3 重要地点距离预告标志

6.3.1 适用范围

设在交叉路口后300~400m处,用于预告前方所到达的重要方位信息。版面应面对来车方向。当两交叉路口间距大于2km时,宜重复设置。当交叉口距离小于1km时,为避免路段信息过载,不宜设置该标志。

6.3.2 设置条件

属于主干路等级、与快速路相接的道路,主要的过江通道以及连接主城各区的主要通道,应设置重要地点距离预告标志。

6.3.3 版面构成

由预告地点信息和地点距离信息构成,最多设置3行(图15)。

图15 重要地点距离预告标志示例

6.3.4 信息选取

重要地点距离预告标志信息的选取按照下列规定执行：
a) 预告地点信息：路段前方需要预告的重要地点信息，版面信息应按照从上至下、由近及远的顺序排列。预告信息宜按需要选取一般城市道路与内环快速路相接的立交、内环以外的其他快速路、交通类市政设施、主要过江通道、行政区界和标志性公用地物名称等。
b) 信息选取点位：当主干路某路段符合前方距离被预告地点之间存在两个以上Ⅰ类节点，且空间距离小于8km的条件时，可将该信息设置在该路段的距离预告标志中；其他接入本道路的主干路，需在接入路口的上游增设同一预告地点信息，并选择恰当的方向箭头予以明确。
c) 地点距离信息：表示该预告标志设置的位置到前方节点的实际距离，以km为单位，精确到小数点后一位；如果距离不足1km，则以m为单位，精确到50m，且最大值为8km。

6.4 交叉口预告、告知标志

6.4.1 系统构成

交叉口的预告、告知标志按照设置位置所在道路等级的不同分为平交路口预告、告知标志，立交预告、告知标志，辅助告知标志（图16）。

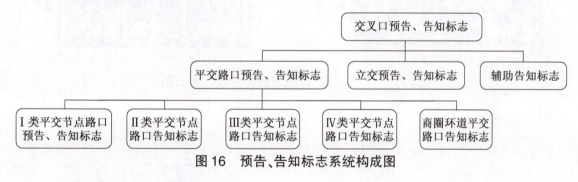

图16 预告、告知标志系统构成图

6.4.2 Ⅰ类平交节点路口预告、告知标志

6.4.2.1 适用范围

预告标志用以预告前方交叉路口形式、交叉道路名称、通往方向信息、地理方向信息以及距前方交叉路口的距离。当交叉口之间距离大于800m时，宜在交叉口告知标志前150～500m范围内设置预告标志；当交叉口之间距离小于800m且下游交叉口进口道严禁变更车道时，若下游交叉口指路标志的通视距离受限，应在上游交叉口的出口道增设下游交叉口的预告标志，否则可不设预告标志。

告知标志用以告知前方交叉口形式、交叉道路名称、通往方向信息、地理方向信息，宜设置在距离交叉路口前30～100m处。预告标志需与告知标志配合使用。

6.4.2.2 版面构成

Ⅰ类平交节点路口预告、告知标志版面由相交道路或当前道路信息、近信息、远信息、节点距离信息

(告知标志版面不设置)和指向图形等构成(图17)。Ⅰ类平交节点路口预告标志和告知标志分别如图17a)和图17b)所示,当相邻两个交叉口距离较小,没有条件依次分别设置分车道指示标志和指路标志时,宜将两类标志合并设置成组合标志,如图17c1)、图17c2)所示复合标志版面所示的线形应与所设置位置的地面标线保持一致。

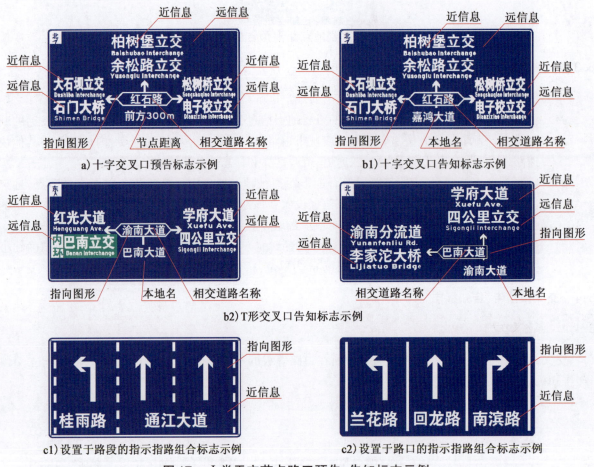

图17 Ⅰ类平交节点路口预告、告知标志示例

6.4.2.3 信息选取

Ⅰ类平交节点路口预告标志和告知标志信息选取原则相同,见表6和图18。同点位信息宜按照如表1所示的等级高低,从A、B层信息中选取;当存在距离相近、信息等级相同、类别相同的方位名称备选时,宜选择通行能力较大的方位信息。

表6 Ⅰ类平交节点路口预告、告知标志信息选取原则

信息所指前方道路等级	信息类别	选 取 原 则
主干路	近信息	a.应选择行驶前方第一个Ⅱ类或Ⅰ类节点处的方位信息。各信息所在点位距离相近且信息等级相同的情况下,宜按照重要通道的道路名称(当与标志所在路段的道路名称不同时选择)、节点名称、具有交通转换功能的著名地点、交通类市政设施、大型商圈、标志性公用地物、相交道路名称的顺序依次选择。 b.若前方同类型节点为环道且无穿越环道的高架或下穿通道,其近信息宜优先选择能代表该环道的著名地点或者环道名称,此时的远信息宜选择同点位处其他同等级信息代替或者空缺

表6(续)

信息所指前方道路等级	信息类别	选 取 原 则
主干路	远信息	c. 应选择近信息点位的主流向行驶前方第一个Ⅰ类节点及邻近的方位信息。宜按照重要通道的道路名称(当与标志所在路段的道路名称不同时选择)、重要节点名称(其中跨江穿山通道优先)、地区名称、交通类市政设施名称、标志性公用地物、相交道路名称的顺序依次选择。 d. 如果不存在高等级远节点信息,宜根据需要选取相应方向两个同等级近节点信息。 e. 若远节点为环道,其远信息宜优先选择能代表该环道的著名地点或者环道名称
	辅助信息	f. 为保持信息的连续性,当上游交叉口的远信息无法在本标志版面的近信息中继续体现时,应将其优先列入近信息的辅助信息。 g. 当近信息选择点位存在同等级重要指路信息时,可将 a 条款排位稍靠后的信息优先列入辅助信息,以及将旅游景点信息列入辅助信息
相交道路或当前道路名称		表示相交主干路或当前的道路名称
指向图形		标志相交道路实际交叉形式或相应道路车道实际划分方式
节点距离		距离预告节点的实际距离

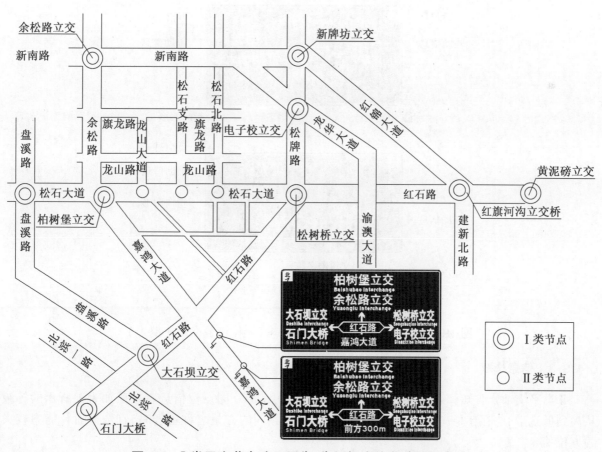

图18 Ⅰ类平交节点路口预告、告知标志信息选取示意图

6.4.3 Ⅱ类平交节点路口告知标志

6.4.3.1 适用范围

用以告知前方平面交叉口形式、交叉道路名称、通往方向信息、地理方向信息。一般宜设置在距离交叉路口 30～50m 处。

6.4.3.2 版面构成

Ⅱ类平交节点路口告知标志若设置在主干路，标志版面宜按照 6.4.2.2 规定设置；若设置在次干路，主要由相交道路或当前道路信息、近信息、辅助信息和指向图形等构成（图19）。若Ⅱ类节点的某进口道仅剩一个流向可通行，其版面设置宜参照 6.4.5 中的Ⅳ类路口设置样式。

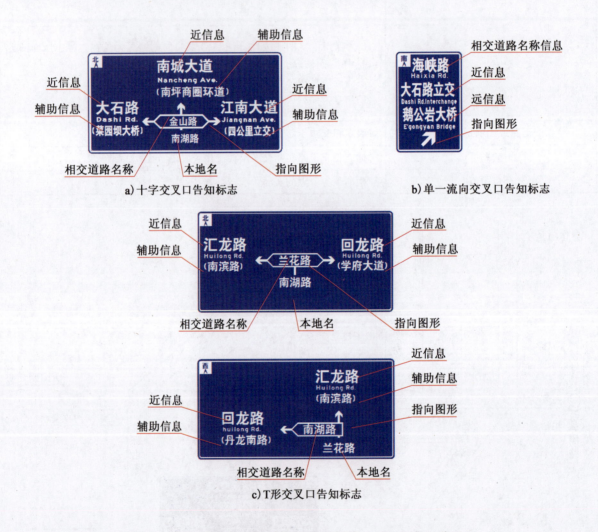

图19 Ⅱ类平交节点路口告知标志示例（设置在次干路上）

6.4.3.3 信息选取

Ⅱ类平交节点告知标志信息选取原则参见表7和图20。同点位信息宜按照如表1所示的等级从高到低选取；当存在距离相近、信息等级相同、类别相同的方位名称备选时，宜选择通行能力较大的方位信息。

表7 Ⅱ类平交节点告知标志信息选取原则

标志设置位置	信息所指方向道路等级	信息类别	选 取 原 则
主干路	次干路	近信息	a. 指行驶前方第一个Ⅱ类或Ⅰ类节点处的方位信息。按照信息等级由高到低的顺序依次选取重要通道的道路名称、节点名称、具有交通转换功能的著名地点、交通类市政设施名称、大型商圈名称、标志性公用地物、相交道路名称的顺序依次选择。 b. 若前方同类型节点为环道且无穿越环道的高架或下穿通道,其近信息宜优先选择能代表该环道的著名地点或者环道名称,此时的远信息宜选择同点位处其他同等级信息代替或者空缺
		远信息	c. 指示近信息点位的主流向行驶前方下一个Ⅱ类或Ⅰ类节点处的方位信息,按照重要通道的道路名称、节点名称、地区名称、交通类市政设施名称、标志性公用地物、相交道路名称的顺序依次选择。 d. 如果不存在高等级远节点信息,宜根据需要选取相应方向两个同等级近节点信息。 e. 若远节点为环道,其远信息宜优先选择能代表该环道的著名地点或者环道名称
		辅助信息	f. 为保持信息的连续性,当上游交叉口的远信息无法在本标志版面的近信息中继续体现时,应将其优先列入近信息的辅助信息。 g. 当近信息选择点位存在同等级重要指路信息时,可将a条款排位稍靠后的信息优先列入辅助信息,旅游景点信息可列入辅助信息
次干路	主干路	近信息	参照Ⅰ类平交节点路口告知标志的近信息选取原则(见表6的a和b条款)
		辅助信息	参照Ⅰ类平交节点路口告知标志的远信息和辅助信息选取原则(见表6的c~g条款)
	次干路	近信息	参照本表的a、b条款
		辅助信息	参照本表的c~g条款
相交道路或当前道路名称			表示相交主干路或当前的道路名称
指向图形			标志相交道路实际交叉形式或相应道路车道实际划分方式

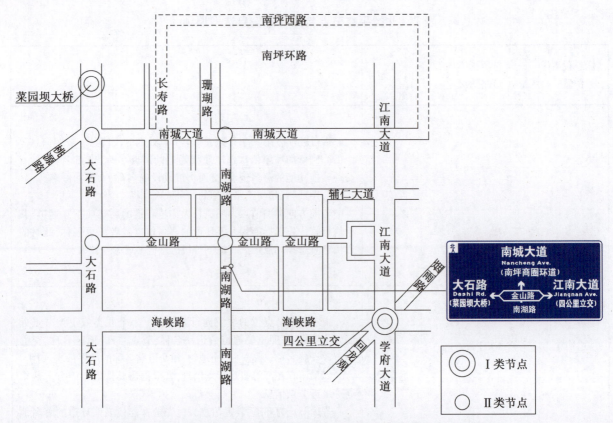

图20 Ⅱ类平交节点路口告知标志信息选取示例（设置在次干路上）

6.4.4 Ⅲ类平交节点路口告知标志

6.4.4.1 适用范围

用以告知前方平面交叉口形式、交叉道路名称、通往方向信息、地理方向信息。一般宜设置在距离交叉路口 20～30m 处。

6.4.4.2 版面构成

Ⅲ类平交节点路口告知标志若设置在次干道，其版面类型宜参照Ⅱ类平交节点中的图19设计；若设置支路，其版面由近信息、辅助信息和指向图形等构成（图21）。若Ⅲ类平交节点的某进口道仅剩一个流向可通行，其版面设置应参照6.4.5节中的Ⅳ类路口设计。

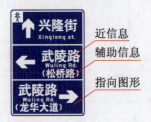

图21 Ⅲ类平交节点路口告知标志示例

6.4.4.3 信息选取

Ⅲ类平交节点路口告知标志信息选取原则参见表8。同点位信息宜按照如表1所示的等级从高到低选取；当存在距离相近、信息等级相同、类别相同的备选方位时，宜选择通行能力较大的方位信息点（图22）。

表 8 Ⅲ类平交节点路口告知标志信息选取原则

信息所指方向道路等级	信息类别	选 取 原 则
次干路	近信息	参照Ⅱ类平交节点路口告知标志次干路方向的近信息选取原则设计(见表7的a、b条款)
次干路	辅助信息	参照Ⅱ类平交节点路口告知标志次干路方向的远信息或辅助信息选取原则设计(见表7的c~g条款)
支路	近信息	a.指行驶前方第一个节点处的方位信息。距离相同时,按照信息等级由高到低的顺序依次选取著名地点名称、交通类市政设施名称、大型商圈名称、标志性公用地物名称、一般道路名称
支路	辅助信息	b.指示近信息点位主流向行驶前方第一个节点处的方位信息。按照重要通道及节点名称、著名地点名称、交通类市政设施名称、大型商圈名称、标志性公用地物和一般道路名称。 c.如果不存在恰当的辅助信息选择点位,可以空缺
指向图形		指示信息方向箭头

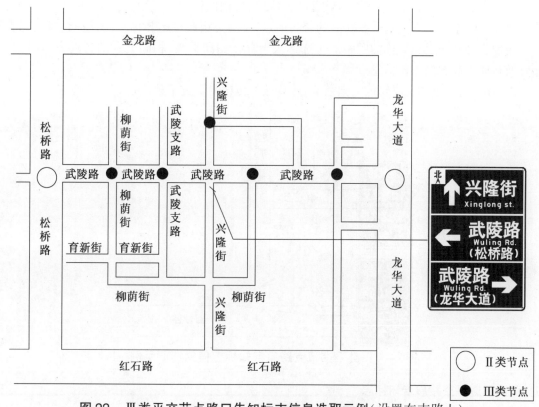

图 22 Ⅲ类平交节点路口告知标志信息选取示例(设置在支路上)

6.4.5 Ⅳ类平交节点路口告知标志

6.4.5.1 适用范围

当平面相交道路级别相差较大,且相交路口为右进右出的交通组织形式时,宜设置Ⅳ类平交节点路口告知标志。一般宜设置在距离路口 20~100m 的位置(标志设置在支路上时用低限值,否则用高限值),用以告知相交道路以及相邻的方位信息。

6.4.5.2 版面构成

Ⅳ类平交节点路口告知标志版面由相交道路名称信息、近(远)信息、指向图形等构成。同一版面最多设置三排信息(图23)。

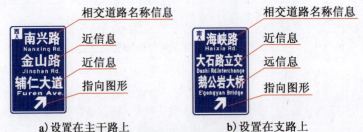

图23 Ⅳ类平交节点路口告知标志示例

6.4.5.3 信息选取

Ⅳ类平交节点路口告知标志若设置在支路上，信息选取应与相交的主干路相应方向的信息一致(图24)。若设置在主干路上，信息选取宜符合以下规定：

a) 相交道路名称信息，宜设置在版面第一排。
b) 近信息：相交道路前方第一个节点处的方位信息，按照信息等级由高到低的顺序选择，信息等级相同时按照具有交通转换功能的著名地点、交通类市政设施名称、大型商圈名称、标志性公用地物和相交道路名称的顺序依次选择。当存在相同等级、相同类别的备选方位时，宜选择通行能力较大的方位信息点。
c) 指向图形：指示相交支路的方向箭头，放置在方位信息下方单独成行。

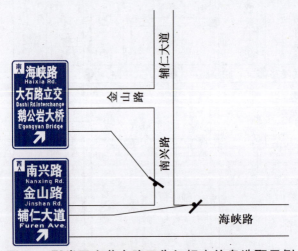

图24 Ⅳ类平交节点路口告知标志信息选取示例

6.4.6 商圈环道平交路口告知标志

6.4.6.1 适用范围

商圈范围内环道每个进、出道路的路口需设置商圈环道路口告知标志，一般宜设置于距离路口30～80m处，用以告知商圈环道路口连接道路以及相邻到达道路的名称信息。

6.4.6.2 版面构成

商圈环道平交路口告知标志主要由环道名称、指向图形、近信息、辅助信息等构成(图25)。

图25 商圈环道平交路口告知示例

6.4.6.3 信息选取

商圈环道平交路口告知标志信息的选取应符合以下规定(图26):
a) 环道名称:当前所在环道的名称。
b) 近信息:与环道相接的射线道路名称。
c) 辅助信息:环道出口方向性指引信息。环道方向上的辅助信息宜按照需要顺次选取环道上该出口前方相邻的1~2个出口所连接的对外射线名称信息。出口射线方向上的辅助信息应选取该道路可达到方位的A层和B层信息。当出现多个同层信息时,按照重要通道及节点名称、地区名称(含著名地点)、交通类市政设施名称、标志性公用地物名称、相交道路名称的顺序依次选择。当存在等级相同、类别相同的备选方位时,宜选择通行能力较大的方向信息。

按照以上规则在信息选取过程中,当环道两个出口对应相同的信息时,宜将该信息放置在相对较近的出口告知标志上;当距离接近时,该信息可出现在两个出口的告知标志上,同时宜在相应标志版面增加该方向的另外一个辅助信息以明确方向。

d) 指向图形:指示环道分流实际形式。

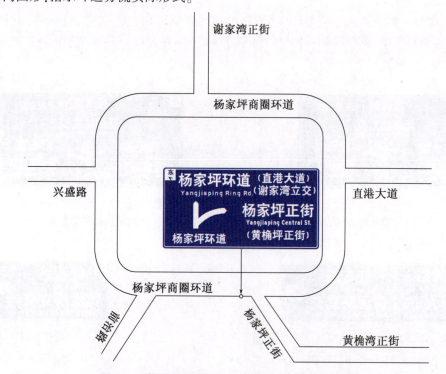

图26 商圈环道路口告知标志信息选取示例

6.4.7 立交预告、告知标志

6.4.7.1 适用范围

立交预告标志用以预告前方立交形式、名称、通往方向信息以及距前方立交的距离。干路以上等级城市道路(包括主干路、次干路)通过附录C所列的立交实现互通,且交叉口之间距离大于800m时,宜在立交告知标志前150~500m范围内设置立交预告标志。当交叉口之间距离小于800m且下游立交出口道分流鼻端前严禁变更车道时,若该分流鼻端的指路标志的通视距离受限,宜在上游交叉口的出口道增设下游交叉口的预告标志;若立交出口道设置在隧道段出洞口后的150m范围内,或出洞口后到出口道分流鼻端前严禁变更车道时,宜在隧道洞内允许变道的前方设置出口道预告标志,洞内段的板面类型可优先选择主动发光式标志。

立交告知标志用以告知前方立交形式、立交名称、通往方向信息等。若干路以上等级城市道路(包括主干路、次干路)通过附录C所列的立交实现互通,其告知标志通常包括立交桥型告知标志、主要道路前行方向告知标志和出口告知标志三类,立交桥型告知标志宜在距离立交前30~80m处设置;其他两类告知标志宜设置在匝道出口三角鼻端,按照当前道路在立交范围内存在出口数量和位置的不同分别有如下设置要求:若当前道路直行方向在本立交上仅有一个出口匝道,应在匝道三角鼻端分别设置主要道路前行方向告知标志和出口告知标志;若当前道路直行方向在本立交上有两个及以上的出口匝道相连,在所有出口匝道三角鼻端处设置出口告知标志,仅在本立交最后一个出口匝道三角鼻端处布设主要道路前行方向告知标志。

若立交型式未在附录C中列出,或在隧道段需提示前方出口道的信息,可借鉴快速路出口预告标志类型,采用图27e)或f)的形式进行分流匝道预告;若复杂立交的前行方向在短距离内有多个出口匝道的,可将前后不同的出口分别用字母按顺序进行出口标号,用多出口的预告、告知标志代替立交桥型的预告、告知标志。

6.4.7.2 版面构成

立交预告、告知标志由到达立交名称、近信息、远信息(辅助信息)、节点距离(告知标志版面不设置)、立交形式或出口匝道方向等构成[图27中的a)~d)]。在此仅以一种类型的立交形式作为示意,其他常规类型的立交形式详见附录C。

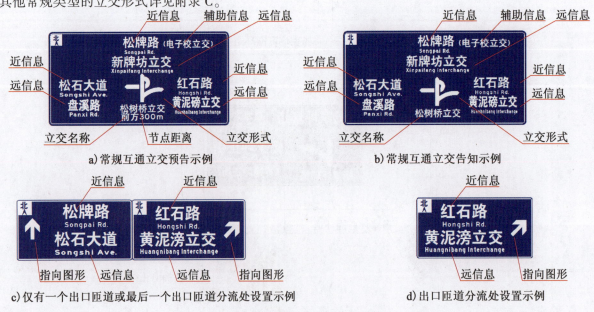

a) 常规互通立交预告示例　　　　b) 常规互通立交告知示例

c) 仅有一个出口匝道或最后一个出口匝道分流处设置示例　　　d) 出口匝道分流处设置示例

图 27

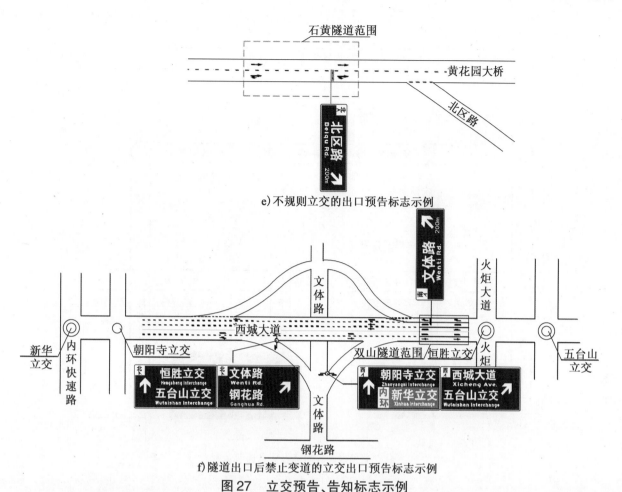

图27 立交预告、告知标志示例

6.4.7.3 信息选取

立交预告、告知标志版面，当设置在主干路时，应使用近信息和远信息结合的方式设置，在版面空间受限的前提下可以增设不超过两个辅助信息；当设置在次干路时，应使用近信息和辅助信息结合的方式设置，同方向辅助信息的数量不应超过两个。

立交节点按照表2所示的相交道路等级，通常可以划分为Ⅰ类和Ⅱ类立交节点；两类立交节点的预告、告知标志的信息选取按照相类型的平交路口预告、告知标志的原则选取信息。

在立交匝道分流处设置的告知标志版面的信息应与提前设置的立交告知标志上的指路信息保持协调；当立交匝道存在前方有二次分流的情况时，应在第一次匝道分流处的标志版面上优先选择相应方向的近信息作为主信息，选择相应行驶方向的远信息作为辅助信息；其信息排列方式应符合"左转信息在上，右转信息在下"的原则。

图28以金山大道为例，展示立交预告、告知标志信息选取综合示例。

6.4.8 辅助告知标志

6.4.8.1 适用范围

6.4.2～6.4.7节所规定的告知标志在远信息选取点位上存在多个符合如表6、表7所要求的备选节点，且这些节点在近信息节点处均具有专用匝道供交通转换，或是道路新建、改建、新增标志性公用地物等导致指路标志需要增加指路信息时，需对原主标志版面无法体现的前行道路节点或新增节点的信息进行补充，便于道路使用者选择适宜的驾驶路径。辅助告知标志宜与相应辅助的主要告知标志并排设置。同一位置辅助告知标志不超过一块。

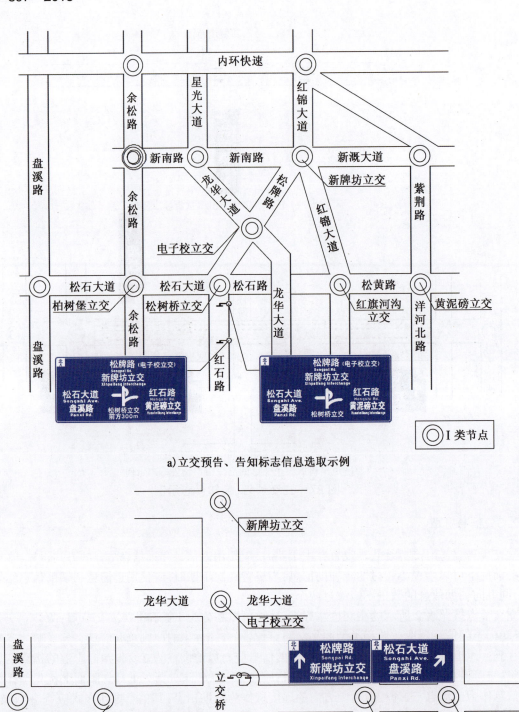

a) 立交预告、告知标志信息选取示例

b) 立交预告、告知标志组合设置信息选取示例

图 28

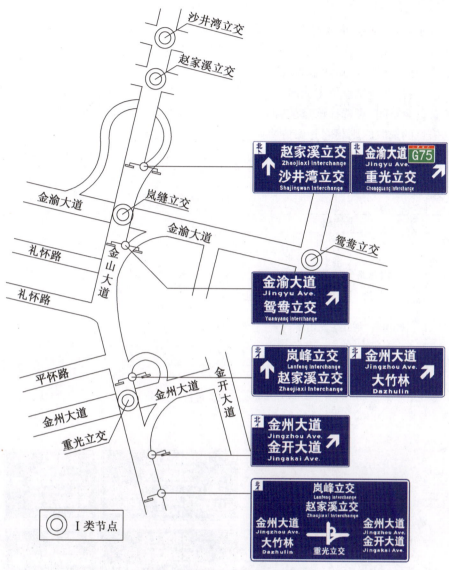

c) 不同立交型式段预告、告知标志选取示例

图 28 立交预告、告知标志信息选取综合示例

6.4.8.2 版面构成

辅助告知标志主要由近信息、远信息(辅助信息)和指向图形构成。辅助告知标志根据实际情况可选择设置近信息、远信息或辅助信息;远信息与辅助信息禁止同时设置在一个版面;版面高度应与所辅助的主告知标志相同(图29)。

图 29 辅助告知标志样例

6.4.8.3 信息选取

辅助告知标志信息的选取应符合以下规定(图30):
a) 近信息:信息选取宜与主告知标志的近信息选取相同,保证道路沿线信息选取的连续性并消除驾驶员对辅助告知标志的认读误解。
b) 远信息:指近信息点位主流向行驶前方缺失的第1个Ⅰ类或Ⅱ类节点处的方位信息;若版面还有富余空间,可选择该点位后的下一个Ⅰ类节点处的方位信息。信息选取宜与主告知标志远信息的选取原则相同并保持协调,保证道路沿线信息选取的连续性。
c) 指向图形:指示信息所在的方向箭头。

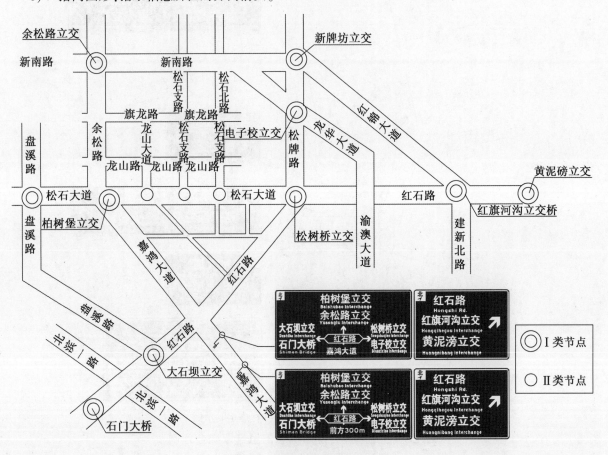

图30 辅助告知标志示例

6.5 确认标志

6.5.1 确认标志的分类

确认标志按照确认的信息的不同分为道路名称、重要地点标志、分界标(图31)。

图31 确认标志系统构成图

6.5.2 道路名称

6.5.2.1 适用范围

街道名称指示当前道路名称,所有街道都应设置道路名称标志,一般宜设置在交叉口下游 30～100m 处。两交叉口间距较大时,可重复设置。标志版面宜面向来车方向呈45°左右。

6.5.2.2 版面构成

版面设置信息由道路名称构成,文字按自左至右或自上而下的方式排列。自左到右排列时,包括汉字和相应的英文;自上向下排列时,只写汉字(图32)。

a) 横式

b) 纵式

图32 街道名称示意图

6.5.2.3 信息选取

标志所在的道路名称,分指路标志上的信息一致。

6.5.3 重要地点标志

6.5.3.1 适用范围

适用于道路沿线重要的桥梁、隧道、立交、交通类市政设施、地区名称等重要地点的确认。

6.5.3.2 设置条件

重要的跨江通道、交通节点、交通类市政设施和著名地点应在邻近重要地点的最后一块标志杆件上附着设置重要地点确认标志。

6.5.3.3 版面构成

版面设置信息为地点名称或是节点、设施等的名称(图33)。

a) 横式

b) 纵式

图33 重要地点标志示意图

6.5.3.4 信息选取

选取当前所要确认的重要地点名称。

6.5.4 分界标

6.5.4.1 适用范围

适用于行政区域的分界处,版面应面向来车方向。

6.5.4.2 设置条件

行政区界明确,便于设置分界标时,宜在分界处设置分界标,否则可选择不设。

6.5.4.3 版面构成

版面设置信息为分界名称(图34)。

a) 横式　　　　　　　　　b) 纵式

图34 分界标示意图

6.5.4.4 信息选取

选取将要进入的行政区划界名称。

6.6 一般城市道路指路标志信息连续性

6.6.1 一般规定

6.6.1.1 一般城市道路指路标志系统信息连续性是实现交通流快速、有序移动的保障。主要包括主干路、次干路、支路等不同等级的一般城市道路之间,以及一般城市道路系统与快速路之间信息的双向、连续指示。

6.6.1.2 一般城市道路指路标志远信息或辅助信息选取在一定范围内应保持连续性,当上一交叉口指路的远信息或辅助信息符合当前交叉口的近信息选取原则时,优先将其选取为近信息,实现指路信息的连续传递。

6.6.1.3 一般城市道路与快速路相连时,其版面信息应该优先选取相应快速路出口指路标志版面出现的指路信息。

6.6.1.4 一般城市道路指路标志信息传递的情况是:按照道路等级顺序依次传递,从而形成支路(或支路↔支路)↔次干路(或次干路↔次干路)↔主干路(或主干路↔主干路)的双向交通集、散通道。

6.6.1.5 交叉口各条进口道指向同一出口道的指路信息应彼此保持协调一致。

6.6.1.6 当道路结构发生变化(如新建、改建等对现有道路结构产生影响)时,所影响路段信息应按照本设计导则规定的信息选取原则进行动态调整。如影响范围包括快速路,相应的快速路指路标志信息也应随之动态调整,以保持信息连续性。

6.6.2 主干路上的指路信息连续性指引

6.6.2.1 主干路上前行方向的指路标志主要实现交通流在Ⅰ类节点之间或Ⅰ类节点与Ⅱ类节点之间

的转换,并在到达下一个Ⅰ类节点之前的所有Ⅱ类节点的远点信息指示保持一致;主干路向次干道转换的节点指路标志主要实现交通流向次干道上的Ⅱ类节点疏散;主干路向支路方向转换的指路信息实现向Ⅲ类节点方向疏散。

6.6.2.2 Ⅰ类节点连接的主干路的指路标志宜按告知标志、确认标志的顺序依次设置。可根据6.4.2.1、6.4.7.1条的规定设置预告标志(图35)。

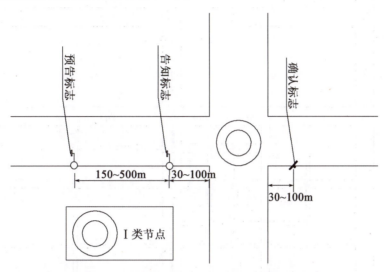

图35 Ⅰ类节点路口指路标志配置示意图

6.6.2.3 同一路口的预告标志和告知标志版面信息选取宜保持一致(图36)。

图36 预告、告知标志信息选取协调性示意图

6.6.2.4 当主干路沿线设置重要地点的距离预告标志时,重要地点的某条距离预告信息应在符合Ⅰ类节点远信息的选取位置时,将该条方位信息转换至路口告知标志版面上,对应的重要地点距离预告标志上宜取消该条方位信息的继续预告。

6.6.3 次干路指路信息连续性指引

6.6.3.1 次干路的指路标志主要实现交通流在Ⅱ类节点之间,或Ⅱ类节点向Ⅰ类节点汇集,或Ⅱ类节点向Ⅲ类节点疏散的作用,并在到达下一个Ⅱ类节点之前的所有Ⅲ类节点的远点指示信息保持一致。次干路向主干路转换时,其指路信息要与主干路同方向告知标志上的信息一致,实现Ⅱ类节点向Ⅰ类节点的转换;次干路向支路转换的指路标志实现交通流向Ⅲ类节点疏散。

6.6.3.2 Ⅱ类节点连接道路的路口指路标志包括告知标志、确认标志。

6.6.4 支路指路信息连续性指引

支路前行方向的路口指引主要以下一个Ⅲ类节点为目标;支路向次干路指引的信息主要以Ⅲ类节点向Ⅱ类节点转换为目标,并与次干路之前同方向上的指示信息保持一致;支路向主干路转换时一般都为Ⅳ类节点路口,以指引交通进入主干路为目标。

6.6.5 一般城市道路指路标志系统信息连续性设计综合示意

一般城市道路指路标志系统在不同等级道路上的信息连续性选取见图37和表9。

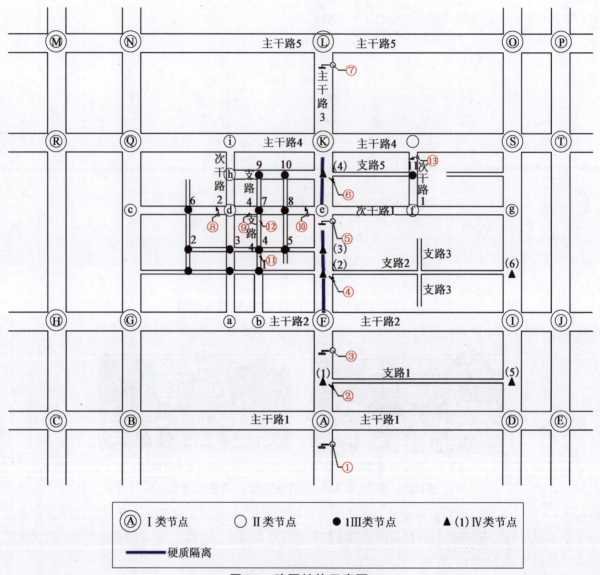

图37 路网结构示意图

注：图中所有道路均为双向行驶的道路。

表9 标志配图

表9(续)

序号	标志版面	说　　明
②	支路1 ↗	设置在主干路，Ⅳ类平交节点告知标志
③	节点e的信息 / 节点K的信息 / 节点b的信息 ← 主干路2 → 节点I的信息 / 节点G的信息　本地名　节点J的信息	设置在主干路，Ⅰ类平交节点告知标志
④	支路2 / 支路3 ↗	设置在主干路，Ⅳ类平交节点告知标志
⑤	节点K的信息 / 节点L的信息 / 节点d的信息 ← 次干路1 → 节点f的信息 / 节点C的信息　本地名　节点g的信息	设置在主干路，Ⅱ类平交节点告知标志
⑥	支路5 / 节点11的信息 ↗	设置在主干路，Ⅳ类平交节点告知标志
⑦	节点N的信息　　节点O的信息 / ← 主干路5 → / 节点M的信息　本地名　节点P的信息	设置在主干路，Ⅰ类平交节点告知标志
⑧	节点e的信息 / (节点f的信息) / 节点h的信息 ← 次干道2 → 节点a的信息 / (节点i的信息)　本地名	设置在次干路，Ⅱ类平交节点告知标志
⑨	节点e的信息 / (节点f的信息) / 节点9的信息 ← 支路4 → 节点4的信息 / 　　　　本地名　(节点i的信息)	设置在次干路，Ⅲ类平交节点告知标志。节点信息4、9一般选取相应支路名称

表9(续)

序号	标志版面	说　明
⑩		设置在次干路，Ⅱ类平交节点告知标志
⑪		设置在支路，Ⅲ类平交节点告知标志。节点信息7、4一般选取相应支路名称；节点信息3一般选择相应主干路名称
⑫		设置在支路，Ⅲ类平交节点告知标志。节点信息9一般选取相应支路名称
⑬		设置在次干路，Ⅱ类平交节点告知标志

7 城市快速路指路标志的设置

7.1 系统构成

城市快速路指路标志系统主要由入口指引系列标志、出口指引系列标志、节点距离预告标志及重要地点确认标志构成(图38)。

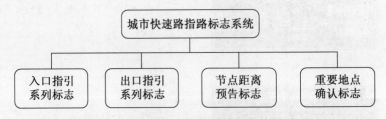

图38 城市快速路指路标志系统构成图

7.2 一般规定

7.2.1 快速路指路标志的设置应具有系统性，快速路进、出口之间的指路标志应该按照一定的顺序布设,传达的信息应连贯、一致。

7.2.2 快速路入口指引标志宜按入口告知标志→入口处地点、方向标志依次设置。

7.2.3 快速路出口指引标志宜按出口预告、告知标志→出口处地点、方向标志依次设置。

7.2.4 目的地名称信息等级的选取宜结合道路等级、服务区域特点、交通流特性等因素综合考虑,当快速路和各类道路相交并设置出口时,目标地名的选择宜与相交道路指路标志信息选取相协调,保证信息传递的连续性。

7.2.5 设置在快速路主路和匝道上的各类标志禁止相互影响、遮挡等。

7.3 入口指引系列标志

7.3.1 入口指引系列标志分类

根据标志设置的位置以及作用的不同,入口指引系列标志包括入口告知标志,入口地点、方向标志两类(图39)。

图39 入口指引系列标志分类图

7.3.2 入口告知标志

7.3.2.1 适用范围

用于指示即将进入的快速路的主路入口及前方道路节点转换信息的标志。一般设置在快速路连接线与城市道路相交段的出口处。

7.3.2.2 版面构成

版面信息由到达道路信息、可到达目的地信息、指向图形构成,可到达目的地信息按照距离从近到远的顺序,在标志版面上从上到下、从左到右排列。当所指示的入口属于快速路有专用的连接线时,宜依次设置图40a)版面和图40b)版面b),如实际道路条件受限,可将两个版面合并设置图40c)版面。当所指示的入口没有专用连接线连接快速路和其他城市道路时,可按照图40c)版面或图40d)版面设置入口告知标志。

a) 有专用连接道告知信息设置示例一　　　　b) 有专用连接道告知信息设置示例二

图 40

c) 快速路入口告知信息设置示例一　　　　d) 快速路入口告知信息设置示例二

图40　入口告知标志示意图

7.3.2.3　信息选取

入口告知标志信息的选取：

a) 到达道路信息：所要到达的快速路名称，以及与该快速路共线或2～3条最近衔接的高速公路编号。

b) 入口名称信息：所要告知的入口立交名称。

c) 可到达目的地信息：所要告知的入口可到达的方位信息。若为通道型快速路，可选取入口过后行进方向的前1～2个与主干路以上等级相交的出口所在节点名称或相连接的重要道路作为近信息指引，再选择通道远端节点可达的1～2个方位名称为远信息，可按照机场、立交节点名称，或可直接转换的高速公路、快速路、国道名称、行政区或组团名称、火车站、标志性公用地物和一般道路名称的顺序择优选择；若为快速路环线，宜选取入口后每个行进方向上的1～2个邻近出口立交节点为主要近信息，再选择入口过后半环内连接的高速公路、快速路名称，或高速公路可以联系的远郊区、县名称作为远信息，当版面受限时，宜将部分远信息调整为辅助信息，但辅助信息数量禁止超过3个，且版面可到达目的地信息总数禁止超过6个。

d) 指向图形：快速路所要到达的方向箭头。

7.3.3　入口地点、方向标志

7.3.3.1　适用范围

与入口告知标志配合使用，便于道路使用者选择正确的方向信息。

7.3.3.2　设置条件

当快速路入口至快速路主路合流之前有多级分流时，宜在分流位置设置地点、方向标志，一般设置在入口连接线匝道多级分流的分岔点端部，用于指示不同方向指路信息。

7.3.3.3　版面构成

版面设置信息由前方可到达目的地的方位信息和指向图形构成。版面内容不宜超过3排（图41）。

7.3.3.4　信息选取

入口处地点、方向标志版面内容，宜与入口告知标志中的指示名称信息、地理方向信息相协调，根据版面剩余情况补充前行方向可以到达的邻近节点的方位信息，例如地区名称、著名地点、重要市政交通设施、标志性公用地物、一般道路名称等（图42），并在前行至该节点出口信息中连续指示。具体信息选取原则参见7.3.2.3条规定。

图 41 入口地点、方向标志示意图

图 42 入口地点、方向标志信息选取示意图

7.3.4 入口指引系列标志综合示例

快速路入口指引标志应依次设置入口告知标志、入口地点方向标志(图43)。

7.4 出口指引系列标志

7.4.1 出口指引系列标志分类

根据标志设置的位置以及作用的不同,出口指引系列标志包括出口预告、告知标志,主线地点、方向标志,出口地点、方向标志,桥型预告标志四类(图44)。

7.4.2 出口预告、告知标志

7.4.2.1 适用范围

用于对出口名称、方向、距离的预告。

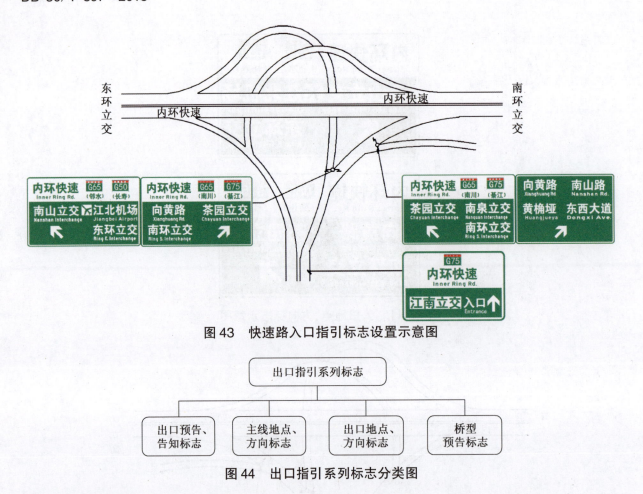

图43 快速路入口指引标志设置示意图

图44 出口指引系列标志分类图

7.4.2.2 设置条件

快速路出口预告宜进行三级预告,即在距离快速路减速车道的渐变段起点2000m、1000m、500m处分别设置;出口告知标志宜在距离减速车道渐变段开始的0m处设置。

当出口减速车道渐变段起点距离上游立交入口加速车道渐变段末端的间距小于2km且大于1km时,可以取消2km出口预告标志,并在上游互通式立交主线入口加速车道渐变段终点位置设置出口预告标志。预告距离宜采用实际值,在设置条件受限的情况下,可以与车型专用或功能专用的车道指路标志组合设置。

当出口减速车道渐变段起点距离上游立交入口加速车道渐变段末端的间距小于1km且大于0.5km时,可以取消1km出口预告标志,并在上游互通式立交主线入口加速车道渐变段终点位置设置出口预告标志。预告距离宜采用实际值,在设置条件受限的情况下,可以与车型专用或功能专用的车道指路标志组合设置。

当前方出口间距小于0.5km,或为同一立交的不同出口匝道时,应将前后出口匝道统一按顺序进行字母编号(如××出口A、××出口B等),并将多个出口编号及其连接道路信息和主要方位信息在500m处预告标志和主线出口减速车道渐变段起点的出口告知标志位置的版面上布设,宜采用门架式分别预告、告知不同的出口信息。

7.4.2.3 版面构成

版面设置信息由到达出口信息、到达出口距离、近信息、远信息、指向图形构成,版面主信息禁止超过2排(图45)。

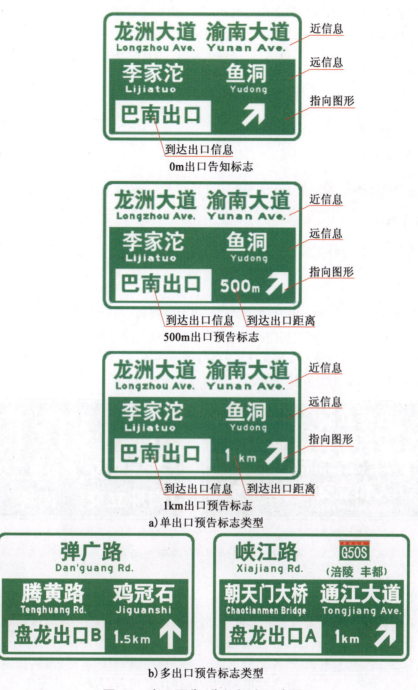

图45 出口预告、告知标志示意图

7.4.2.4 信息选取

出口预告、告知标志信息的选取：
a) 到达出口信息：所要预告的出口名称。
b) 到达出口距离：当前位置距离预告出口的距离。以 km 为单位，精确到小数点后一位；如果距离不足 1km，则以 m 为单位，调整到 100m。
c) 近信息：快速路的出口标志近信息应以出口所直接毗邻的机场、火车站或道路名称为对象。
d) 远信息：如果快速路在某行政区仅有一个出口可便捷到达，远信息应优先指示该行政区；如果快速路有两个以上出口在某个行政区,且每个出口对应不同的著名地点,则应以著名地点为指示远信息。否则,远信息应以出口道路前方第一个Ⅰ类节点的方位信息为指引,可按照机场、重要通道、节点名称、道路名称、一等火车站、标志性公用地物的顺序择优选择 B 层以上的指示信息。

e) 指向图形:指向被预告出口的箭头。

7.4.3 主线地点、方向标志

7.4.3.1 适用范围

用于向驾驶员提供快速路下游出口及可达到目的地名称、方向、距离等相关信息。

7.4.3.2 设置条件

设置在快速路出口匝道分流鼻端,以提示主线前行信息。

7.4.3.3 版面构成

版面设置信息由可到达目的地信息、距离信息、指向图形构成。主线地点、方向标志主信息禁止超过 3 行,可按照需要在主信息右侧增加辅助信息。辅助方位信息数量同一方向禁止多于 2 个,版面方位总信息数量禁止超过 7 个。当条件受限无法同时设置指路标志和指示标志时,可根据管理需要将指路标志与指示标志并设,并选用图 46 b)的形式;否则,选用图 46 a)的形式。

a) 地点距离预告标志示例

b) 车道指示与指路组合标志示例

图 46 主线地点、方向标志示意图

7.4.3.4 信息选取

a) **可到达目的地信息**:若为通道型快速路,可选取出口过后行进方向的前两个与主干路以上等级相交的出口所在节点名称为近信息指引,排列在版面的前两排;再选择通道远端一个方位名称为远信息,可按照机场、立交节点名称,或可直接转换的高速公路、快速路、国道名称、行政区或著名地点、火车站、标志性地物的顺序择优选择;若为环型快速路,选取入口过后行进方向上的前两个邻近出口立交节点为主要近信息,再选择入口过后半环内连接的高速公路、快速路的第一个节点名称为远信息。如图 47 所示。
b) **距离信息**:到前方被预告节点的距离。
c) **指向图形**:指向主线前行方向的箭头。

7.4.4 出口地点、方向标志

7.4.4.1 适用范围

与出口预告标志配合使用,便于道路使用者选择正确的方向信息。

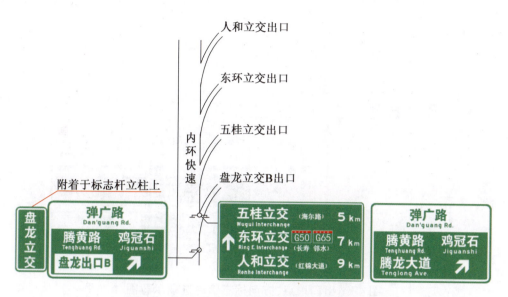

图 47　主线地点、方向标志信息选取示意图

7.4.4.2　设置条件

在快速路出口匝道分流鼻端或者当互通式立体交叉出口匝道有二级分流,需告知各出口匝道行驶方向的相关信息时,宜设置出口地点、方向标志。出口地点、方向标志应设置在出口匝道分流鼻端上方。

7.4.4.3　版面构成

出口地点方向标志包括前方可到达目的地的方位信息和指向图形(图48)。

图 48　出口地点、方向标志示意图

7.4.4.4　信息选取

出口处地点、方向标志版面内容应与出口预告标志以及到达道路告知标志中的地点名称信息、地理方向信息相协调和连续。如版面允许,可增设分流后新增的方位信息,以分流后第一个Ⅰ类节点处的方位信息为基础,按照重要通道及节点名称(如节点连接为跨江通道,则优先选择该跨江通道)、地区名称(含著名地点)、交通类市政设施、道路名称、大型商圈名称、标志性公用地物名称的顺序依次选择。单个版面的主信息数量禁止超过4个,且版面可到达目的地信息总数禁止超过6个。如图49所示。

7.4.5　桥型预告标志

7.4.5.1　适用范围

设置在被预告桥型之前适当位置,用于对桥型结构的预告,利于道路使用者进行方向选择。

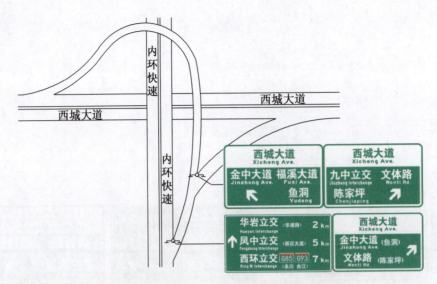

图49 出口地点、方向标志信息选取示意图

7.4.5.2 设置条件

当快速路主线行进方向上采用如附录C中的立交形式与其他城市道路实现互通,宜设置桥型预告标志,与出口预告标志配合使用;当立交形式不在附录C中所列时,仅采用出口预告标志(分为单出口预告和多出口预告两类模式)。

7.4.5.3 版面构成

版面设置信息由预告桥型名称信息、节点距离信息及桥型结构形式、可达到目的地名称构成(图50)。在此仅以一种类型的立交形式作为示意,其他类型的立交形式详见附录C。

图50 桥型预告标志示意图

7.4.5.4 信息选取

桥型预告标志信息的选取:
a) 预告桥型名称:前方被预告桥型所在节点的名称。
b) 节点距离信息:到前方被预告桥型的实际距离。
c) 桥型结构形式:前方被预告桥型的实际形式。
d) 可到达目的地信息:参考出口预告标志信息选取原则,与相应的出口预告标志版面信息协调。

7.4.6 出口指引系列标志综合示例

快速路出口指引标志应依次设置出口预告标志、主线地点方向标志、出口地点方向标志(图51)。

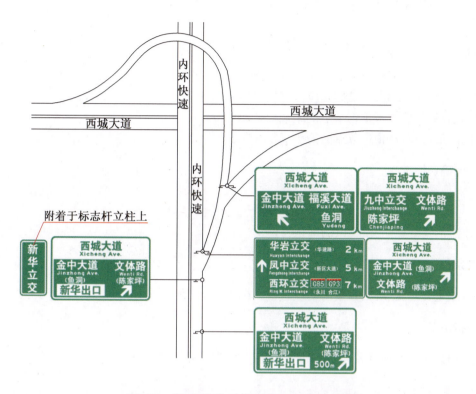

图51 快速路出口指引标志设置示意图

7.5 节点距离预告标志

7.5.1 适用范围

用于预告快速路前方所经过的重要出口、立交、地点、道路的名称距离标志。

7.5.2 设置条件

当互通式立体交叉的间距大于或等于5km时，宜设置该标志；当互通式立交的间距大于10km时，宜重复设置。一般宜设置在快速路互通立体交叉入口匝道加速车道渐变段终点以后1km以上的合适位置。

7.5.3 版面构成

版面设置信息由节点名、距离信息和指向图形构成。地点距离标志主信息禁止超过3行，可按照需要在主信息右侧增加辅助信息。辅助方位信息数量同一方向禁止多于2个，版面方位总信息数量禁止超过7个（图52）。

图52 节点距离预告标志示意图

7.5.4 信息选取

距离预告标志信息的选取：
a) 节点名：节点距离标志的信息应与入口指引标志、出口指引标志、主线地点方向标志信息相呼应，重复设置的地点距离标志应保持信息的一致性。
b) 距离信息：到前方被预告节点的距离。
c) 指向图形：指向被预告节点的箭头。

7.6 重要地点确认标志

7.6.1 适用范围

用于快速路沿线重要立交、桥梁的确认。

7.6.2 设置条件

快速路沿线重要立交、桥梁宜按需要设置确认标志。

7.6.3 版面构成

版面设置信息为当前地点名称，且版面文字应从上向下排列（图53）。

a) 立交确认标志　　　　　b) 桥梁确认标志

图53 确认标志示意图

7.6.4 信息选取

选取当前立交、桥梁名称。

7.7 快速路指路标志信息连续性要求

7.7.1 入口地点、方向标志版面信息宜与入口告知标志版面信息协调，出口地点、方向标志宜与出口预告标志版面信息相协调。

7.7.2 一般城市道路向快速路入口导引时的信息连续性包括：在一般城市道路上的快速路入口距离预告标志（可重复设置）→与快速路入口仅剩一个Ⅰ类节点相隔的所有Ⅱ类节点的指路标志远信息必首选快速路入口指引→快速路入口与相邻主干路以上等级的道路之间的所有Ⅱ类节点的近信息必须首选快速路入口→快速路入口的告知标志（图54）。

7.7.3 一般城市道路路口预告、告知标志和重要地点距离预告标志上的快速路入口提示标志应使用如图54b）所示的模式，作为快速路入口立交指示信息的统一设计样式。

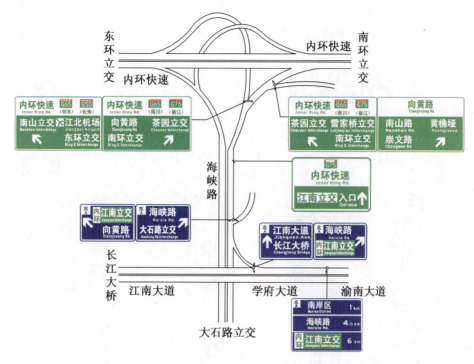

a) 标志连续设置示意图

b) 快速路在一般城市道路指路标志版面形式

图54 快速路入口信息连续性引导示意图

7.7.4 "快速路入口—快速路—出口——一般城市道路"之间的信息连续性包括：
a) 入口告知标志或入口地点、方向标志上出现过的方位信息，必须在一个出口的出口预告标志及出口地点、方向标志上再次出现。
b) 主线地点、方向标志上出现过的方位信息，必须在一个出口的出口预告标志及出口地点、方向标志上再次出现。主线地点、方向标志预告前方某出口将要到达的地点信息或道路信息，必须在到达该出口之前至少连续2个出口段(不宜超过3个)的地点方向预告标志上连续出现，不得中断。
c) 主线地点、方向标志上最后一次出现的预告信息，必须在紧邻的第一个出口的出口预告标志上连续出现，不得中断(图55)。

7.7.5 主线地点、方向标志与节点距离预告标志版面信息应与行进方向处这两类标志以外的其他快速路指路标志信息相协调，不得出现其他标志没有指示的信息(图55)。

7.7.6 出口地点、方向标志上出现过的连接道路名称信息必须在连接道路上有路名确认标志；出现过的行政区信息必须有行政区界的距离预告标志和区界确认标志；出现过的著名地点名称和其他信息必须在所连接的一般城市道路上连续指示(图56)。

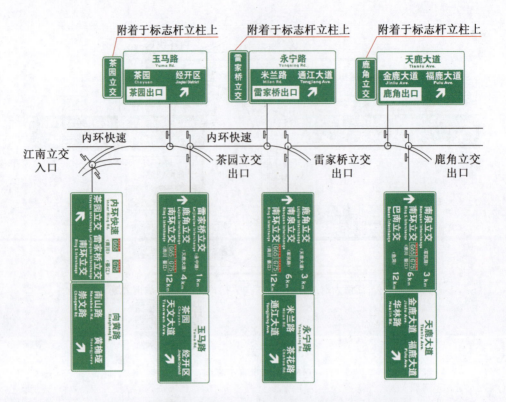

图 55 快速路相邻出、入口信息连续性引导示意图

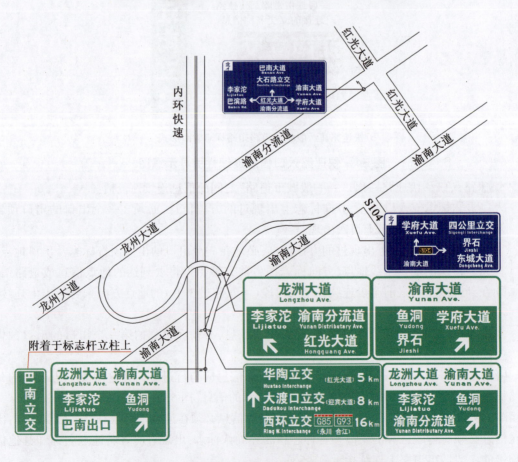

图 56 快速路出口信息连续性设置示意图

7.7.7 当道路网络结构发生变化(如新建、改建等)时,所影响路段信息宜按照本标准规定的信息选取原则进行动态调整。如影响范围包括一般城市道路,相应的一般城市道路指路标志信息也随之动态调整,以保持信息连续性。

附 录 A
（资料性附录）
部分标志版面布置图

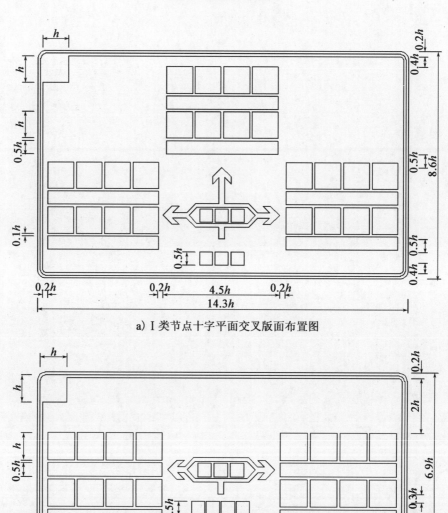

a) I类节点十字平面交叉版面布置图

b) I类节点T形平面交叉版面布置图

图 A.1

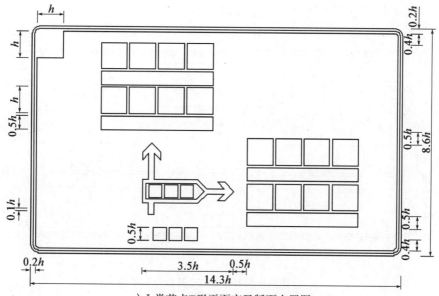

c) Ⅰ类节点T形平面交叉版面布置图

图 A.1　Ⅰ类节点平面交叉版面布置图

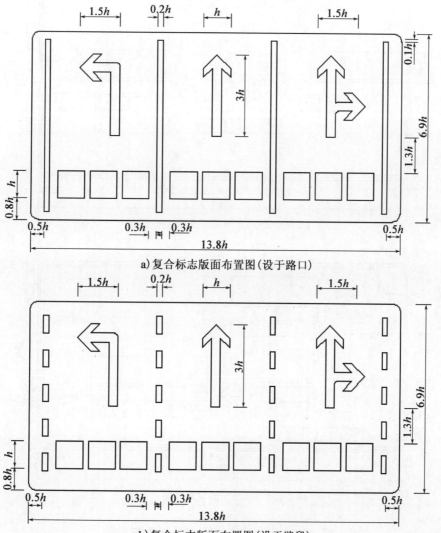

a) 复合标志版面布置图（设于路口）

b) 复合标志版面布置图（设于路段）

图 A.2　复合标志版面布置图

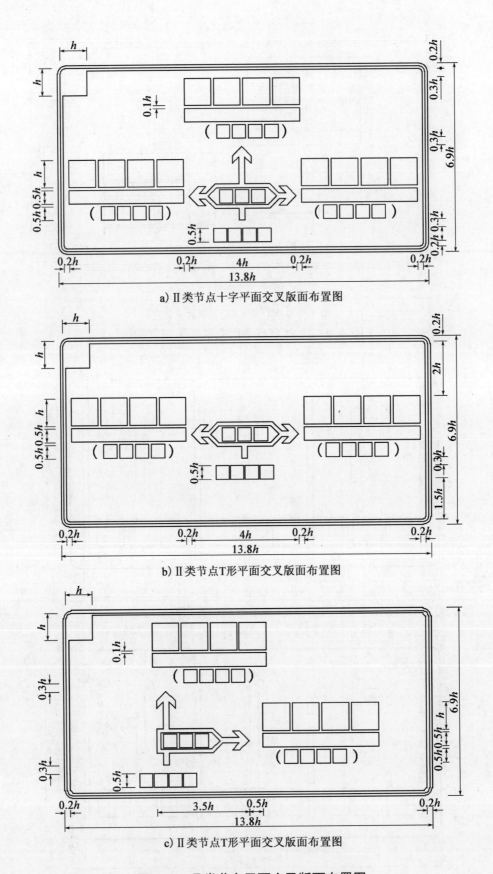

a) Ⅱ类节点十字平面交叉版面布置图

b) Ⅱ类节点T形平面交叉版面布置图

c) Ⅱ类节点T形平面交叉版面布置图

图 A.3　Ⅱ类节点平面交叉版面布置图

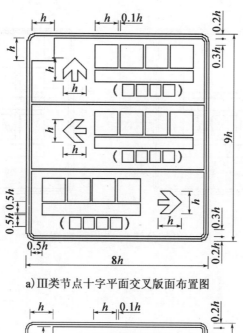

a) Ⅲ类节点十字平面交叉版面布置图

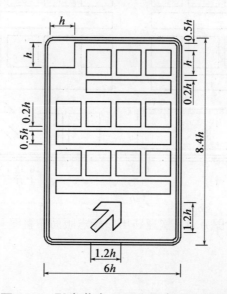

b) Ⅲ类节点T形平面交叉版面布置图

图 A.4　Ⅲ类节点平面交叉版面布置图

图 A.5　Ⅳ类节点平面交叉版面布置图

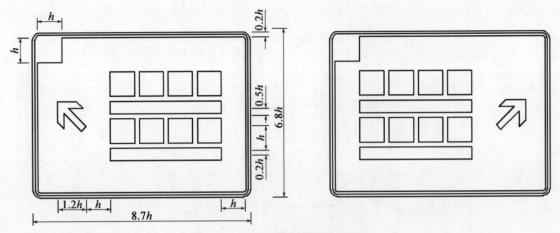

图 A.6 分流鼻端版面布置图

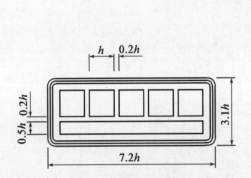

图 A.7 确认标志版面布置图(横向)

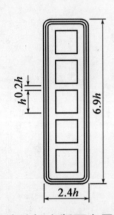

图 A.8 确认标志版面布置图(竖向)

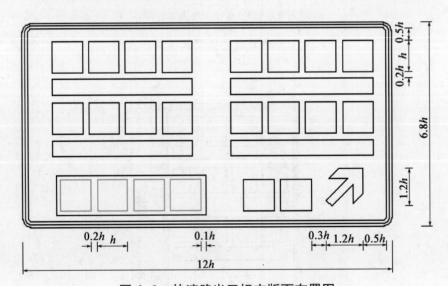

图 A.9 快速路出口标志版面布置图

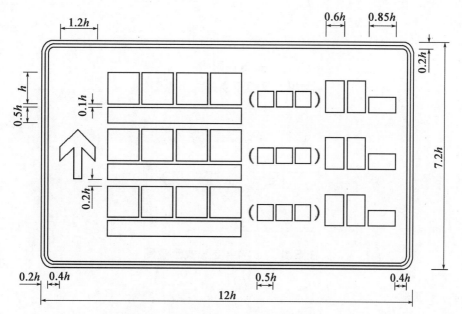

图 A.10 快速路其他类型标志版面布置图

附 录 B
（规范性附录）
常见交叉口平交形式示意图

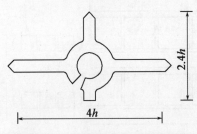

图 B.1　十字平交形式示意图

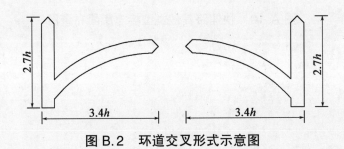

图 B.2　环道交叉形式示意图

附 录 C
(规范性附录)
常见立交形式示意图

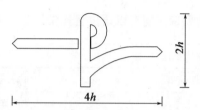

图 C.1 苜蓿叶形立交(T形交叉右转匝道出口在先)

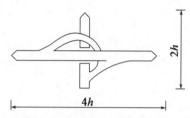

图 C.2 苜蓿叶形立交(左右转匝道同出,左转在先)

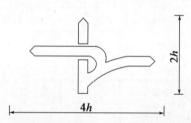

图 C.3 苜蓿叶形立交(左右转匝道同出,同转)

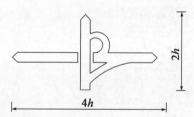

图 C.4 苜蓿叶形立交(十字形交叉右转匝道出口在先)

附 录 D
（资料性附录）
指路信息汉语拼音和常用专有名词示例

表 D.1 常见指路信息汉语拼音和常用专有名词示例表

名　称		重庆拟用法	重庆拟用示例
环路		Ring Rd.	内环快速路 Inner Ring Rd.
高速		Expwy	成渝高速 Chengyu Expwy
路		Rd.	人民路 Renmin Rd.
大道		Ave.	新溉大道 Xingai Ave. 渝澳大道 Yuao Ave.
支路		Branch Rd.	长江支路 Changjiang Branch Rd.
街	街	St.	人和街 Renhe St.
	正街	Central St.	大溪沟正街 Daxigou Central St.
	横街	Cross St.	石坪桥横街 Shipingqiao Cross St.
立交（街）		Interchange	人和立交 Renhe Interchange
大桥		Bridge	嘉华大桥 Jiahua Bridge
机场		Airport	江北机场 Jiangbei Airport
火车站		Railway Station	重庆北站 Chongqingbei Railway Station
长途汽车站		Coach Station	西彭客运站 Xipeng Coach Staion
方位词		东 East(E.)	南坪东路 Nanping E. Rd.
		南 South(S.)	
		西 West(W.)	
		北 North(N.)	
		中 Middle(M.)	
序数词		1st,2nd,3rd	盘溪二支路 Panxi 2nd Branch Rd.